1 MONTH OF FREE READING

at

www.ForgottenBooks.com

By purchasing this book you are eligible for one month membership to ForgottenBooks.com, giving you unlimited access to our entire collection of over 1,000,000 titles via our web site and mobile apps.

To claim your free month visit: www.forgottenbooks.com/free699951

ISBN 978-0-484-41782-2
PIBN 10699951

ADMINISTRACION
LÍRICO-DRAMÁTICA.

LA REINA LOCA

CUADRO HISTÓRICO EN UN ACTO

ORIGINAL Y EN VERSO DE

D. JOSÉ ALVAREZ SIERRA

Estrenado con extraordinario éxito en el Teatro Martin la noche del
22 de Noviembre de 1879

MADRID.
CALLE DE SEVILLA, 14, PRINCIPAL.
1879.

LA REINA LOCA

CUADRO HISTÓRICO EN UN ACTO

ORIGINAL Y EN VERSO DE

D, JOSÉ ALVAREZ SIERRA

Estrenado con extraordinario éxito en el Teatro Martin la noche del
22 de Noviembre de 1879

MADRID.
ESTABLECIMIENTO TIPOGRÁFICO DE M. P. MONTOYA Y C.ª
Calle de los Caños, número 1.
1879.

REPARTO

<table>
<tr><td>PERSONAJES.</td><td>ACTORES.</td></tr>
<tr><td>Doña Juana «La loca»...</td><td>Sra. Lirón.</td></tr>
<tr><td>Cisneros...............</td><td>Sres. Yañez.</td></tr>
<tr><td>Don Cárlos...........</td><td>Fuentes.</td></tr>
<tr><td>P. Ruiz...............</td><td>Chaves.</td></tr>
<tr><td>Xebres..............</td><td>Capilla.</td></tr>
<tr><td>Conde de Ureña........</td><td>Diez.</td></tr>
<tr><td>P. Prior...............</td><td>Infante.</td></tr>
</table>

NOBLES CASTELLANOS Y FLAMENCOS.

La escena, cláustro del convento de Roa: mesa y sillon.

EPOCA 1517.

ACTO ÚNICO.

ESCENA PRIMERA.

EL P. RUIZ y EL PRIOR.

RUIZ.　　Qué deseais?

PRIOR.　　　　　Saber sólo,
si el Cardenal dará audiencia
á una señora y á un paje
que diz hablarle desean.

RUIZ.　　Tendrán que esperar un rato.

PRIOR.　　Es que el paje se impacienta
y la dama es principal.
No sabeis cuánto interesa:
cubierta con denso velo
trae consigo una dueña,
que es muy principal se vé,
y que por verle impaciencia
tiene, claro se descubre,
Padre Ruiz, con solo verla.
Podria verle?

RUIZ.　　　　　Lo ignoro.
Sabeis los males que aquejan
al gran Cisneros; y á más
Cárlos de Gante le espera.
La suspirada entrevista
es muy posible que hoy sea,
y que hoy el golpe de gracia

607106

se dé á la córte flamenca.

PRIOR. El príncipe la rehuye.

RUIZ. Pero el Cardenal no ceja.

PRIOR. La adulacion puede mucho.

RUIZ. No tanto, cuando hay firmeza;
él la tiene y ha de ser
lo que á la pátria interesa.
A la pátria ha consagrado
con teson su vida entera,
y á su bienestar dedica
lo que de vida le resta.

PRIOR. Tiene un carácter de hierro.

RUIZ. Con un corazon de cera.

PRIOR. Hay quien le acuse de avaro.

RUIZ. Pues despilfarra sus rentas
aminorando desdichas
y engrandeciendo las ciencias.
Si le viérais, á sus años,
meditar grandes empresas
para enaltecer al pueblo
y abatir á esa nobleza
procaz, que nos avasalla
y á la esclavitud nos lleva;
si conociérais los planes
que hierven en su cabeza
para que los extranjeros
jamás dominarnos puedan,
sabríais cuán injusto
es quien censurarle intenta.

PRIOR. Es posible.

RUIZ. Quién á gusto
de todo un pueblo gobierna?
Quién osára, sino él,
poner un dique á la influencia
de ese enjambre de flamencos
que al jóven príncipe ciega,
que domina y se enriquece,
que nos arruina y posterga?
Si esta tarde, cual presumo,
la entrevista se celebra,
sabrá don Cárlos los males

	que á la triste España aquejan,
	y pondrá remedio: todo
	lo fio de su elocuencia.
PRIOR.	Dios os oiga, padre Ruiz.
RUIZ.	Él de su mano nos tenga,
	y para bien de estos reinos
	conserve Dios su existencia.
	Dejadnos, deseo hablarle.
PRIOR.	No os olvideis que le esperan.

ESCENA II.

CISNEROS y RUIZ.

RUIZ.	Estais mejor?
CISNEROS.	Ménos mal,
	que al olvido doy mis males
	cuando del deber se trata:
	por ver á Cárlos de Gante,
	por salvar á nuestra pátria,
	á nuestra segunda madre,
	mientras aliente mi vida,
	mientras mi voluntad mande,
	no hay obstáculos, no hay nada
	que á mi voluntad contraste.
RUIZ.	Temo, señor, que los nobles,
	ambiciosos, desleales,
	influyan sobre Don Cárlos
	y vuestra entrevista aplacen.
CISNEROS.	Mi quebrantada salud,
	mis años y mis achaques,
	alientan sus esperanzas;
	son turbulentos, audaces;
	pero tengo un corazon,
	que aún por su desdicha late,
	siempre dispuesto á romperse,
	nunca propicio á doblarse;
	y antes que de latir deje
	desbarataré sus planes.
	No debo morir sin verle:

Dios es justo! Dios es grande!
Dios no puede decretarlo:
yo necesito informarle,
trasmitirle el pensamiento,
la voluntad indomable
que ha de realizar el sueño,
aquel proyecto gigante
de la primera Isabel.

RUIZ.	Padre Cisneros, ya es tarde.
Serviles y aduladores
preséntanse nuestros grandes
y su pequeñez es tanta,
tan rastreros, tan cobardes
ante Don Cárlos se muestran,
tan indignos de sus padres,
que sólo entre los flamencos
pudieran hallar iguales.

CISNEROS.	Su avaricia me sonroja;
sueñan trasladar á Flandes
los tesoros que Castilla
audaz supo conquistarse
en mundos desconocidos
que los turbulentos mares
ocultaron á los siglos
á las pasadas edades.
Buen Ruiz, me pesan los años;
mas los años no me abaten...

RUIZ.	Pasais ya de los ochenta...

CISNEROS.	*Y uno:* desvelos constantes,
falsías, luchas, traiciones,
intrigas, rivalidades,
medio siglo de torturas,
toda una vida de afanes,
sólo aguardan una fosa
donde mis restos descansen.

RUIZ.	Y pensais que la entrevista?..

CISNEROS.	No temo que la dilaten:
aún queda fibra: del genio
que alienta las almas grandes
resta una chispa, que puede
en un incendio tornarse.

Que todo esté prevenido,
hay que llegar esta tarde:
es necesario evitar
las patrias calamidades
que en lo futuro preveo:
los nobles y los magnates
se acordarán de mi nombre;
sabrán lo que puede un fraile.

RUIZ.   El Padre Prior desea
y suplica, si os es dable,
que una dama pueda hablaros:
muestra interés el buen Padre:
es una dama, y espera
con insistencia.

CISNEROS.   Que pase.

ESCENA III.

CISNEROS y DOÑA JUANA cubierta con velo.

D.ª JUANA. Dais vuestra licencia?
CISNEROS.   Sí.
   Señora, qué deseais?
D.ª JUANA. Que una súplica atendais.
CISNEROS. Y qué pretendeis de mí?
D.ª JUANA. Vuestro valimiento invoca,
gran señor, aunque os asombre,
una madre: vengo en nombre
de Doña Juana la Loca.
Yo os conjuro, yo os exijo
en nombre de Doña Juana,
que consigais que mañana
pueda abrazar á su hijo.
Doña Juana le dió el sér;
sabeis que ausente le llora,
y es nuestra reina y señora
su madre, y le quiere ver.
Desean los extranjeros
que de su madre se aleje;
pero lo que le aconseje
el gran Cardenal Cisneros,

eso Don Cárlos hará;
por eso hasta vos me envía
la triste reina, y confía
en que á Don Cárlos verá.
Podrá verle?

CISNEROS   Allá veremos...
Al punto á verle partimos,
y si no lo conseguimos,
señora, lo intentaremos.

D.ª JUANA. Un santo sois.

CISNEROS.   En buen hora:
cumplo un sagrado deber
prestando consuelo á un sér
que es madre y ausente llora.
Siempre fué triste la ausencia.

D.ª JUANA. Muy triste, teneis razon.

CISNEROS. Quién sabe si la emocion,
quién sabe si su presencia,
si la imprevista ventura,
si la dicha y el contento,
disipará en un momento
su inexplicable locura?
Pudiera ser peligroso.

D.ª JUANA. Cuando su razon confusa
de avaro á su padre acusa
y al Cardenal de ambicioso,
con febril exaltacion
contra su prision protesta
Doña Juana, y manifiesta,
y al parecer con razon,
sin síntomas de demencia,
que la hicieron encerrar
por loca, para usurpar
su indisputable regencia.

CISNEROS. Esa acusacion extraña
prueba su enagenacion;
si está cabal su razon
es la ciencia quien se engaña.
Inútil será su afan;
no logrará que tal crean:
todos los locos desean

probarnos que no lo están.
En, vuestra justicia fio:
ya que su causa abrazais,
buena señora, dudais
de su mental extravío?

D.ª JUANA. Yo me permito dudarlo;
más tanto ha sufrido ya,
que si demente, no está,
Cardenal, debiera estarlo.

CISNEROS. Sois en extremo severa.

D.ª JUANA. Y cómo no lo he de ser
si se enjaula á una mujer
lo mismo que á una pantera?
Con la cruz de su locura,
ficcion horrible, inhumana,
va cruzando Doña Juana
su calle de la amargura.

CISNEROS. Su nombre habeis invocado,
su locura, y no os asombre,
aunque *demente*, su nombre
siempre para mí es sagrado.
Si aquí la representais,
si Doña Juana os envía,
señora, saber podria,
por qué el rostro no mostrais?

D.ª JUANA. (Muestra un anillo).
Su sello; puedo mostrarlo,
y garantiza quién soy...

CISNEROS. Vuestro semblante.

D.ª JUANA.   Por hoy,
Cardenal, debo ocultarlo.

CISNEROS. Vuestro secreto, señora,
admito; nada recelo.

D.ª JUANA. Sospechais? Tras este velo
no se oculta una impostora.
Si hay algun irreverente,
si hay un servil mercenario
que mantenga lo contrario,
yo le probaré que miente.

CISNEROS. Sois señora?....

D.ª JUANA.   Fiel testigo:

lloro desdichas ágenas,
que Doña Juana, sus penas,
siempre compartió conmigo.
Tanto su dolor contrista...
Será al verle tan feliz!...

CISNEROS. Teneis razon, Padre Ruiz?
Es tarde ya. La entrevista,
señora, presenciareis:
los dos le suplicaremos,
y al fin lo conseguiremos.

D.ª JUANA. Dios os premie el bien que haceis.
No sabeis cuánto le ama
y cuanto abrazarle anhela.

CISNEROS. No es buen hijo, si no vuela
donde su madre le llama.

· ESCENA IV.

DICHOS y DON CÁRLOS.

D. CÁRLOS. Señor... mi señor, D. Cárlos,
con este pliego me manda.

CISNEROS. Su paje sois...

D. CÁRLOS. Por fortuna:
le sirvo bien, bien me paga:
él me distingue, y no en balde
pone en mí su confianza.

CISNEROS. Sois..... flamenco?

D. CÁRLOS. Nací en Gante;
tengo aficion á las armas,
corazon, brazo y cabeza;
quiero alcanzar nombre y fama,
y conquistarme el aprecio
de las nobles castellanas.

CISNEROS. (Enterándose del pliego.)
¿Esto más, Dios soberano?
Cuánta ingratitud! Qué infamia!
«Habeis trabajado tanto,   (Leyendo.)
»buen Cisneros, por la patria,
»que vuestra fe, sólo el cielo

»puede en justicia premiarla.
»Espero sus instrucciones
»para gobernar mi casa;
»despues partid á Toledo
»donde el descanso os aguarda
»y en paz os halle la muerte;
»bendiga Dios vuestras canas!»
Este monumento insigne
de ingratitud, me desgarra
el corazon, y á mis ojos
acude un raudal de lágrimas.
Este padron de ignominia,
que un niño á mi rostro lanza,
 es la más fiel expresion
de la ingratitud humana.
Ay! de Castilla! Ay del pueblo!
Dias de luto te aguardan;
quien así á reinar empieza,
la ruina de un reino labra.
Adios, esperanzas mias!
Ya no hay para mí esperanza.
Aguardadme. Adios, señora:
hasta luego.

D.ª JUANA.   Con él vaya.

ESCENA V.

DOÑA JUANA y DON CÁRLOS.

D. CÁRLOS. Siento el profundo pesar
que al buen Cardenal disgusta:
su queja es grave, muy justa;
pero hay que disimular.
Sólo con tamaña ofensa
penetraré su intencion,
que hombre de su posicion
jamás dice lo que piensa.
D.ª JUANA. Si vuestra licencia dais... (Se descubre.)
D. CÁRLOS. Y por qué no? Concedida:
mandad, y sereis servida;

señora, qué deseais?

D.ª Juana. Perdonad mi atrevimiento:
fué propicia la ocasion,
y sólo vuestra atencion
reclamo por un momento.
Vos al príncipe vereis? (Afirmacion.)
Ya que tal dicha gozais,
deseo que le digais,
mejor, que le supliqueis
aunque sea de rodillas,
que vea una vez siquiera
á su madre, que le espera
una loca en Tordesillas.
Cuando se sabe sentir,
nunca los conceptos mienten;
pero hay cosas que se sienten
y no se saben decir.
Pasa la noche y el dia
sin exhalar una queja
sentada cabe la reja
en una prision sombría,
con mil quimeras extrañas,
loca, febril, delirando,
y está la pobre esperando
al hijo de sus entrañas.
Hijo, que del genio en pos,
de gloria y ambicion lleno,
si no es muy malo, no es bueno;
no puede ayudarle Dios.

D. Cárlos. Al dudar de su cariño
no le conoceis bastante,
señora; Cárlos de Gante
tiene el corazon de un niño.
Don Cárlos por mí os advierte
que adora á su madre, y jura,
que ha muerto con su locura,
que la locura es la muerte.
El adora con pasion
á su madre, no la olvida;
pero la vida no es vida
cuando falta la razon.

D.ª Juana. Desconoce sus deberes!...
D. Cárlos. Hoy son sus dichas mayores,
   pensar y pensar amores;
   soñar y soñar placeres.
   Su recuerdo, su memoria
   por donde vá le acompaña;
   por hoy su madre es España,
   su amante será la gloria.
   Es digno de compasion...
D. Juana. «Cárlos, tu madre no ha muerto,
   no pidas agua al desierto
   ni amores al corazon;
   que las dichas terrenales,
   son breves, son inseguras:
   dá el corazon amarguras
   y aridez los arenales.
   á quien no alivia las penas
   de una madre y sus dolores,
   niega el corazon amores,
   niegan agua las arenas.»
   Tiene el corazon de roca
   cuando su deber no escucha,
   que tiene razon y mucha;
   es su madre y está loca.
D. Cárlos. Hablais, señora, de un modo...
   dais tanto que sospechar...
D.ª Juana. Hablo como debo hablar;
   su madre es antes que todo.
   (Estoy siendo una imprudente,
   el corazon me ha vendido).
   Adios.
D. Cárlos.   Tened entendido
   que yo se lo haré presente.
D.ª Juana. Don Cárlos dirá que no.
D. Cárlos. Señora...
D.ª Juana.   Será constante.
D. Cárlos. Es que á Don Cárlos de Gante
   sólo le aconsejo yo.
D.ª Juana. Lo lograreis?
D. Cárlos.   Tal espero.
D.ª Juana. Si es que bien le aconsejais,

quiera el cielo que seais
su único consejero.

ESCENA VI.

Don Cárlos.

D. Cárlos. Calma, calma corazon.
La mágia de esa mujer
alucina mi razon,
y sólo pide, en cuestion,
que cumpla con mi deber.
Yo la veré: y por qué no?
Hoy la verá un caballero,
y si me convenzo yo...
mañana... mañana, oh!
la verá Cárlos primero.
La locura despreciamos
y yo no sé, pese á mí,
si todos locos estamos;
razon mia, en qué quedamos?
quién son los locos aquí?
Yo, que en la demencia toco,
la miro con compasion;
pero á mis solas la invoco,
desde que llamaron loco
al gran Cristóbal Colon.
El mundo cruzó altanero
llena el alma de amargura,
y se engañó el mundo entero:
yo su locura venero:
quién tuviera su locura!

ESCENA VII.

Don Cárlos, Xebres y Flamencos.

D. Cárlos. Quién va, señores?
Xebres.   Nosotros:
los caballeros leales

que á Don Cárlos acompañan
desde la córte de Flandes.

D. CÁRLOS. Quién os ha dado el encargo?

XEBRES. Yo lo mandé, perdonadme
en prenda del buen deseo:
hay peligros, y quién sabe...

D. CÁRLOS. Nada á Don Cárlos le arredra:
su raza no es de cobardes.

XEBRES. Los castellanos se muestran
tan altivos, tan audaces...
y previniendo que osaran...

D. CÁRLOS. Pretendes amedrentarme,
mas no lo consigues, Xebres,
hoy ni nunca, que no caben
en los pechos castellanos
tamañas deslealtades.

XEBRES. Confiais en demasía:
jóven sois, y nunca es tarde...
sois temerario, señor,
y el valor ha de mostrarse:
debe reservarse sólo
para las empresas grandes,
Vísteis á Cisneros?

D. CÁRLOS.   Sí:
ví su generoso arranque,
que nada ambicionar puede,
Xébres: Cisneros un padre
es, y no ha de ser más
para Don Cárlos de Gante.
Sólo el cardenal desea
orillar dificultades
que al empezar su reinado
fraguan pequeños y grandes:
grandes, que son muy pequeños;
pequeños, que no son tales;
pues representan al pueblo
y éste su voluntad hace,
si no hay otra voluntad
que su voluntad encauce.

XÉBRES. Y esperais?

D. CÁRLOS.   No sé que espero:

ordenó que aquí le aguarde;
y como yo, no soy él.....

XÉBRES. Es decir?....

D. CÁRLOS.   Que soy un paje
del príncipe, y como veis
es mi deber esperarle.

XÉBRES   Qué opinion habeis formado?

D. CÁRLOS. Cisneros es un carácter
enérgico, altivo, rudo;
es necesario tratarle,
conocer personalmente
la voluntad indomable,
el gran corazon que encierra
ese anciano, que arrogante
de humilde fraile llegó
á las altas dignidades
de la Iglesia y del Estado.
y todo *sin doblegarse*,
sin intrigas, sin bajezas
y sin adular á nadie.

XEBRES. No extraño que un viejo loco
con su locura os contágie:
diéronse siempre la mano
vejeces y mocedades.

D. CÁRLOS. Nunca creyera que vos,
tan *prudente*, le tratárais
con tal acritud: es digno
de admiracion: que al instante
la gente esté prevenida;
hay que cumplir cuanto él mande.

XEBRES. Cuentan que *La Reina Loca*
da de cordura señales,
y sus parciales se agitan
y su fiereza renace,
y en ódio á los extranjeros,
pueblos, villas y ciudades
á la rebelion se aprestan,
y con patriótico alarde
por ella alzarán pendones.

D. CÁRLOS. Basta, Xebres: pobre madre!
Que las Córtes se reunan

en Toledo, así al rey place;
somos siete? Para el treinta
á más tardar, si no es antes.

XEBRES. Toledo está muy al centro;
hay allí parcialidades
contrarias.

D. CÁRLOS. Serán vencidas,
vive Dios!

XEBRES. Cisneros sale.

ESCENA VIII.

DICHOS y CISNEROS.

CISNEROS. Estais aquí? Bien venidos.
Dad al príncipe este pliego.
(A don Cárlos)
Pues que sois los preferidos,
señores, prestadme oidos...
Seré muy breve, os lo ruego.
Hoy en España mandais,
sois árbitros y señores,
y á vuestro negocio vais:
como quien sois os mostrais;
flamencos al fin, traidores.
Avaros de nombre y gloria
buscais poder y dineros
olvidando nuestra historia:
fijadlo en vuestra memoria;
«no caben aquí extranjeros.»
Soñais con una quimera
y la codicia os engaña,
que España no es extranjera;
en España nadie impera
si no lo tolera España.
No inicies la tiranía
aunque tu ambicion inmoles;
sé digno, ten hidalguía.
Xebres, en la pátria mia
no mandan más que españoles.

XEBRES.   Es tanta vuestra ambicion
y vuestra soberbia tanta,
que me inspirais compasion:
flaquea vuestra razon,
cardenal.
CISNEROS.   Oh! Vírgen santa!...
Es tanta mi desventura,
tanto mi valor amengua
al pié de la sepultura,
que pregonais mi locura
sin que os arranque la lengua?
Servil flamenco, insolente;
te olvidas de que profanas
al proclamarme demente
las arrugas de mi frente
y la nieve de mis canas?
Salid, y sin mi permiso
que nunca os vuelva yo á ver;
salid; la suerte lo quiso,
mas no vos; fuera preciso
que volviérais á nacer.
D. CÁRLOS. Salid de aquí, caballeros.
Cese vuestro justo afan.
Desde cuándo hay extranjeros
que ultragen al gran Cisneros,
al conquistador de Orán?
CISNEROS. Orán! Sueño realizado!...
Por qué no diste ataud
al Cardenal y al soldado,
antes de verle humillado
por tan negra ingratitud?
Yo con la gloria soñé, (A D. Cárlos.)
y fué un fantasma no más;
tras él corrí: desperté...
y aquel fantasma, se fué
para no volver jamás. (Se desmaya.)
XÉBRES.   No hay que asustarse: no es nada.
D. CÁRLOS. Le habeis herido á traicion.
XÉBRES.   Nuestra será la jornada,
caballeros; la estocada
le ha herido en el corazon.

D. Cárlos. Ha de casa! Vive Dios!
Xébres.   El golpe ha sido certero;
    ya va del sepulcro en pos:
    hemos triunfado!
D. Cárlos.   Ay! de vos,
    ó no soy Cárlos primero.

ESCENA IX.

Dichos y el P. Ruiz.

Ruiz.   Qué ocurre? Qué ha sucedido?
    Padre... señor... cielo santo!
    Dios mio!...
D. Cárlos.   - Callad por Cristo:
    respira ya.
Ruiz.   Yo no alcanzo...
D. Cárlos. Tened calma. Vive Dios!
Ruiz.   Quien la tiene?
Xébres.   Ya hemos dado
    el golpe y en esto todo
    depende del primer paso.
D. Cárlos. Volved en vos, Cardenal.
Ruiz.   Padre mio.
Cisneros.   Cesa el llanto.
D. Cárlos. Valor!
Cisneros.   Valor me pedís
    delante de ese menguado
    que se olvida de mis canas,
    que no respeta mis años?
    Por qué me faltan los brios?
    Por qué impotente es mi brazo?
    Por qué lates, corazon,
    cuando no hay fuerza en la mano?
    Buen Ruiz, estamos vencidos:
    la ingratitud de Don Cárlos
    de Gante, y esta ruin carta
    que un sello pone á mi lábio,
    da el triunfo á las extranjeros
    y á mí el eterno descanso.

Mi fin se acerca; no témo:
tranquilo la muerte aguardo,
que para el bueno la muerte
no es el no sér: es el tránsito
á la gloria y á mi Dios,
siempre justo, cuyo fallo
ante el tribunal augusto
con frente serena aguardo.

RUIZ. Rumores.

XEBRES.   Son de motin!...

RUIZ. Llegan nobles.

CISNEROS.   Castellanos?

ESCENA X.

DICHOS. CONDE DE UREÑA Y NOBLES CASTELLANOS.

UREÑA. Llegó por fin nuestro dia,
cardenal.

CISNEROS.   Tal no merezco. (Se sienta).
señores, mas agradezco
que acibareis mi agonía.
La nobleza castellana
ha dado en decir que os soy
contrario; pero yo voy
creando para mañana.
La plebe sufre y espera
reparacion, y esto es óbio:
un castillo es un oprobio
y cada noble una fiera;
y siendo los más *los buenos*
rebélanse contra el daño
que sufren, y yo no extraño
venzan los más á los ménos.

UREÑA. Cómo han de darnos la ley
no teniendo ejecutoria?

CISNEROS. Hoy la canalla, la escoria,
es quien defiende á su rey.

UREÑA. A tan plebeyas razones
hay contrarios pareceres;

dónde están.vuestros poderes?
qué se hicieron *los cañones?*
Si mientras vuestro poder
audaces nos humillaron,
aquellos tiempos pasaron
para nunca más volver.
Si cercenára los fueros
hoy la popular cuchilla,
qué sería de Castilla
en manos de los pecheros?
Por fortuna el.Soberano
á tiempo os ha conocido;
Cisneros, habeis caido;
sois el fraile franciscano
que vuelve al tosco sayal;
ante el Rey cesa el regente.

CISNEROS. Cállese el irreverente, (Levantándose).
que aun alienta el Cardenal. (Enérgico).
Sepan los que tal se ufanan
y á los suyos se remiten:
«los títulos, se trasmiten,
los apellidos, se ganan.
Haceis de mi nombre ultrage!...
Si hubiérais cual yo nacido,
lo que soy no hubiérais sido,
ni vos, ni vuestro linage.
Ay pátria! cómo te ves
y cómo al fin te verás:
si no han tenido jamás
más pátria que su interés!
Contra mis años me irrito
y contra propios y extraños:
Dios mio!... dadme diez años
de vida: los necesito;
diez años de vida, y fiel
á mi tenaz pensamiento,
se cumplirá el testamento
de la primera Isabel.

UREÑA. Inútil es vuestro anhelo:
vais á morir.

CISNEROS.   Quién se aterra

si hay una historia en la tierra
y una justicia en el cielo?
Si gloria y nobleza quieres
aumentar con tal hazaña,
por qué el corazon te engaña,
cobarde?...

D. CÁRLOS.   Por qué no hieres?
UREÑA.   (Conociendo á D. Cárlos.)
Señor... indulgencia os pido.
D. CÁRLOS. No habrá de ser por mi honor;
el Rey no ha de ser señor
de un cobarde, de un bandido.
De hoy más la justicia empieza,
porque así la ley lo pide:
sépase que quien la olvide...
responde con su cabeza.
CISNEROS. Dejad, pues que me provoca,
mancebo, soy yo bastante.
D. CÁRLOS. Me llamo Cárlos de Gante.

ESCENA XI.

DICHOS, DOÑA JUANA descubriéndose.

D.ª JUANA. Yo Doña Juana «La Loca.»
D. CÁRLOS. Madre mia!
D.ª JUANA. (Por Ureña). No perdono
su falta: marche al destierro, (A D. Cárlos con solemnidad).
La loca vuelve á su encierro.
para que subas tú al trono.
A ese trono castellano
yo te permito subir,
si me prometes seguir
los consejos de ese anciano.
D. CÁRLOS. Yo lo juro.
D.ª JUANA.   Si á traicion
faltas á tu juramento,
yo recobraré al momento
el poder y la razon.

Conste que no estoy demente
como han dado en pregonar:
que tú no puedes reinar
mientras esta loca aliente.
Dejo de ser soberana,
mas cuando lo necesite
no ha de faltarme quien grite,
«¡Castilla por Doña Juana!»
Que aquí nobles y pecheros
sabrán con teson lidiar
por mí, hasta esterminar
á tí y á tus extranjeros.
Cuenta que en esta nacion
puedes contar con muy pocos:
y no te olvides, «que hay locos,
que recobran la razon.»

CISNEROS. Pronto ceñirá su sien,
señor, la diadema real;
mas los que siembran el mal
jamás cosechan el bien.
Feliz entre las naciones
hacer á España podeis;
en ese pliego teneis,
príncipe, mis instrucciones.
La pátria es una deidad
que el fuego sacro sustenta,
y en su augusto templo ostenta
su esplendor la libertad.
El valor, la independencia,
el heroismo, el ejemplo;
cada español tiene un templo,
y ese templo es su conciencia.
Aunque el corazon taladre,
salvarla es nuestro deber:
la pátria que nos dió el sér
es nuestra segunda madre.

D. CÁRLOS. Buenos mis deseos son;
más, cómo á mis pocos años
lidio con propios y extraños
y engrandezco á la nacion?

CISNEROS. Cumpliendo vuestro deber.

D. Cárlos. Quién concilia la rudeza
del pueblo con la nobleza
y á los dos con mi poder?
Quién conjura tantos males
y borra el antiguo encono,
si pueblo, nobleza y trono
son enemigos mortales?
Qué debo hacer Cardenal?

Cisneros. Todo conciliarse puede:
eso y mucho más, sucede
cuando se gobierna mal.
Si la nobleza domina,
el rey deja de ser rey;
si el rey no impone su ley
la plebe se le amotina;
y para no tener dueños,
traidores ni desleales,
señor, que sean iguales
los grandes y los pequeños.
La gloria de un rey estriba
en que haya paz y trabajo;
rectitud con los de abajo,
firmeza con los de arriba,
y hacer llevadero el yugo
que los desordenes trunca,
hasta el extremo, que nunca
tenga que hacer el verdugo.
Al pié de la tumba estoy
y es preciso sucumbir,
señora: voy á partir...
pero ignoro á dónde voy.
Quién ve la muerte con calma?

Ruiz. Señor!...

Cisneros.   Mi fin ha llegado,
Ruiz: estoy envenenado;
¡me han envenenado el alma.!
Aire... luz... la eternidad...
el no existir... el no ser...
la nada... no! voy á ver
el mundo de la verdad.

(A D Cárlos.) Vuestra mano... por favor!...

D. Cárlos. Es preciso socorrerle.

Cisneros. Gracias! Al fin logré verle!...
en tí confío, Señor!!!

D.ª Juana. Aquí dió fin mi cordura:
no batalles, corazon.
Qué me importa la razon
si reina por mi locura?
Cardenal!...

Ruiz.   Dios mio!...

D. Cárlos.   Yerto!...

Xebres.   La parca, su vida corta.

(Doña Juana prorrumpe en una carcajada
histérica, presentando en su semblante síntomas de verdadera locura.)

D.ª Juana. Ja, ja, ja!!! Qué me importa;
tambien mi Felipe ha muerto!!!

(Cae desplomada en la actitud que juzgue más
oportuna. En el claustro se oye el salmo re-
ligioso, *Domine in te esperavi.*)

FIN.